Edition Paashaas Verlag

EPV

Autor: Cornelia H.-Müller
Cover-Motive: Pixabay
Cover designed by Michael Frädrich

www.verlag-epv.de
ISBN: 978-3-96174-062-8
April 2020

Die im Buch veröffentlichten Quizfragen wurden von der Verfasserin sorgfältig erarbeitet und geprüft. Eine Garantie kann dennoch nicht übernommen werden; ebenso ist eine Haftung der Verfasserin bzw. des Verlages und seiner Beauftragten für Personen-, Sach- und Vermögensschäden ausgeschlossen.

Die Deutsche Nationalbibliothek verzeichnet diese Publikation in der Deutschen Nationalbibliografie; detaillierte bibliografische Daten sind im Internet über http://dnb.d-nb.de abrufbar.

Mörderisches Verbrechensquiz

Spannende Quizfragen
für die Krimiparty zu Hause

FSC
www.fsc.org
MIX
Papier aus verantwortungsvollen Quellen
Paper from responsible sources
FSC® C105338

Das **mörderische Verbrechensquiz** ist ein Unterhaltungsbuch für die ganze Familie.

Im ersten Teil findet ihr spannende Quiz-Fragen für Erwachsene zu realen Verbrechen, fiktiven Figuren, Prominenten, die zu Opfern oder Tätern wurden, Literatur, TV und Film sowie zu unserer Rechtsprechung und Gesetzgebung.

Ihr werdet sicher über vieles staunen, manchmal schmunzeln und auch einiges lernen.
Das einzige was ihr für die Quiz-Runde benötigt, sind Papier und Stift für alle Mitspieler.
Bei großen Runden könnt ihr auch Krimi-Teams bilden, die gegeneinander antreten.

Ab Seite 55 stellen wir „60 Fragen, die unter die Haut gehen". Wetten, dass diese zu turbulenten Gesprächsrunden führen?

Der zweite Teil des Buches enthält 4 spannende Ratekrimikurzgeschichten für KIDS und Erwachsene!

Und noch ein Tipp für alle Krimifreunde:
Mit meinen Büchern aus der Reihe "Krimiparty" und „Krimiparty-Kids" könnt ihr ohne viel Aufwand zu Hause ein echtes Krimidinner organisieren und durchführen.

Eine Auflistung der bisher erschienen Themenbücher findet ihr in diesem Buch auf den letzten Seiten!
Ich wünsche euch gute Unterhaltung und spannende Runden!

Mit herzlichen Grüßen
Cornelia H.-Müller
www.glashauskrimi.de

Inhaltsangabe

Kapitel 1:

Zum Einstieg 10 gut lösbare Fragen

1.) Welche Abteilung / Kommission ist bei der Polizei für Mord und Totschlag zuständig?

2.) Wie wird „Spurensicherung" umgangssprachlich abgekürzt?

3.) Wer nimmt eine Autopsie vor?

4.) Wie lange ist in Deutschland „lebenslänglich"?

5.) Wie heißt das Formular, welches eine Hausdurchsuchung anordnet?

6.) Wie kürzt man Kriminalpolizei ab?

7.) Jedes Bundesland unterhält eine Landespolizei. Wer ist hier der oberste Dienstherr?

8.) Welche Telefonnummer wählt man, wenn man ein Verbrechen feststellt?

9.) Wie lautet die Abkürzung der Mordkommission?

10.) Welche Farbe haben die Polizeiwagen in Deutschland?

Antworten

1.) Die Mordkommission

2.) Spusi

3.) Die Pathologie

4.) In Deutschland ist eine lebenslange Freiheitsstrafe, umgangssprachlich "lebenslänglich", die höchste Strafe, die ein Gericht verhängen kann. Sie bedeutet, dass der Verurteilte auf unbestimmte Zeit ins Gefängnis muss, mindestens aber für 15 Jahre. Nach 15 Jahren kann die Strafe zur Bewährung ausgesetzt werden.

5.) Durchsuchungsbeschluss

6.) Kripo

7.) Der Landesinnenminister

8.) 110

9.) Moko

10.) blau-weiß, eventuell mit gelben Markierungen

Kapitel 2: Krimi im TV

Okay, dies war nicht besonders schwer. Ab sofort wird es anspruchsvoller. Wir widmen uns nun dem Thema „Krimi im TV".

Die Vor- und Nachnamen der folgenden TV-Kommissarinnen und Kommissare sind vielen Zuschauern bekannt. Wenn man einen Namen jedoch einzeln und ohne Nennung der entsprechenden Serie hört, wird es schwieriger. Für jeden richtigen Vornamen und für jede richtig genannte Serie dazu erhaltet ihr je einen Punkt.

Wir beginnen mit den Kommissarinnen:

Nachname

1.) Block
2.) Lindholm
3.) Springer
4.) Linder
5.) Lukas
6.) Heller
7.) Prohacek
8.) Zeiler
9.) Petersen
10.) Winter
11.) Haas
12.) Odenthal

Antworten

1.) Bella	Serie „Bella Block“
2.) Charlotte	Serie „Tatort Hannover“
3.) Anna	Serie „Wilsberg“
4.) Nora	Serie „Polizeiruf 110 aus Halle“
5.) Ellen	Serie „Kommissarin Lukas“
6.) Winnie	Serie „Kommissarin Heller“
7.) Eva-Maria	Serie „Unter Verdacht“
8.) Hannah	Serie „Die Toten vom Bodensee“
9.) Nina	Serie „Stralsund“
10.) Jana	Serie „Unter anderen Umständen“
11.) Sophie	Serie „Mord mit Aussicht“
12.) Lena	Serie „Tatort Ludwigshafen

Die Kommissare aus bekannten TV-Serien:

1.) Thiel
2.) Derrick
3.) Tschiller
4.) Stubbe
5.) Wilsberg
6.) Garber
7.) Hofer
8.) Schenk
9.) Von Bodenstein
10.) Simmel
11.) Brisgau
12.) Matthies

Antwonten

1.) Frank	Serie: Tatort Münster
2.) Stefan	Serie: Derrick
3.) Nik	Serie: Tatort Hamburg
4.) Wilfried	Serie: Stubbe - von Fall zu Fall
5.) Georg	Serie: Wilsberg
6.) Otto	Serie: Ein starkes TEAM
7.) Korbinian	Serie: Rosenheim Cops
8.) Freddy	Serie: Tatort Köln
9.) Oliver	Serie: Taunuskrimi
10.) Jürgen	Serie: Marie Brand
11.) Mick	Serie: Der letzte Bulle
12.) Dirk	Serie: Großstadtrevier

Weitere Fragen aus dem TV-Bereich:

1.) Josef Matula hat als Privatermittler lange Jahre den Freitagabend im ZDF gestaltet. Die Anwälte an seiner Seite haben mehrfach gewechselt, Matula blieb. Wie viele Anwälte waren es insgesamt? Zusatzpunkte gibt es hier für jeden mit seinem Filmnamen genannten Anwalt. Und wer diese auch noch in die richtige Reihenfolge bringt, erhält einen weiteren Punkt.

2.) In welchem fiktiven Ort in der Eifel ermittelt Sofie Haas?

3.) Welchen Rassehund besitzt Inspector Columbo? Einen Zusatzpunkt bekommt man, wenn man auch den Namen des Tieres weiß.

4.) In welcher Stadt ermitteln Kommissar Thiel und Professor Boerne?

5.) Auf welche Art und Weise hat sich TV-Kommissar Stedefreund aus dem Bremer Tatort verabschiedet?

6.) Auf welche Art und Weise hat sich Anwalt Voss aus der Serie MATULA verabschiedet?

7.) Auf welche Art und Weise hat sich TV-Kommissarin Nadeshda Krusenstern aus dem Tatort Münster verabschiedet?

8.) In welchem Tatort-TEAM ermittelte TV-Kommissar Max Ballauf bereits vor seiner Kölner Zeit?

9.) Wer hat die Tatort-Musik geschrieben, die wir im Vor- und Abspann hören?

10.) Die Krimiserie „Der ALTE“ läuft bereits seit 1977. Es gab in dieser Zeit viermal einen Wechsel in der Rolle des Hauptkommissars. Nenne die Kommissare mit ihren Filmnamen.

11.) Es gibt nur wenig Sätze in der TV-Geschichte, die so untrennbar mit einer Serie verbunden sind wie „Harry, hol schon mal den Wagen“. Welche Serie ist gemeint?

12.) In welcher fiktiven Grafschaft ermittelten Tom und John Barnaby?

13.) Welche Krimi-Serie im Vorabendprogramm ist untrennbar mit dem 2019 verstorbenen Schauspieler Jan Fedder verbunden?

14.) Nenne den nach Einschaltquoten beliebtesten und unbeliebtesten Tatort im Jahr 2019

15.) Wo ermittelt Commissario Brunetti?

16.) Nord Nord Mord ist eine Kriminalfilmreihe des ZDF, die seit 2011 ausgestrahlt wird. Von 2011 bis 2018 spielte Robert Atzorn die Rolle des Hauptkommissars Theo Clüver in acht Folgen. Wer ist sein Nachfolger auf Sylt? Für den Rollennamen und den richtigen Namen des Schauspielers gibt es je einen Punkt.

17.) Wo ermittelte „Das Duo" mit Charlotte Schwab, Ann-Kathrin Kramer und später Lisa Martinek in den Hauptrollen?

18.) Die Kriminalgeschichten rund um Kommissar Kluftinger aus dem Allgäu wurden verfilmt. Wer hat die Hauptrolle des kauzigen Kommissars in diesen Filmen übernommen?

19.) Die Reihe Babylon Berlin spielt in welcher Zeit?

20.) Wie hieß die Serie, in deren Mittelpunkt ein Schäferhund in Wien mit verschiedenen Hauptermittlern auf die Pirsch ging?

Antworten

1.) Es waren 4 Anwälte:
- Dr. Renz
- Dr. Frank
- Dr. Voss
- Dr. Lessing

Für jeden richtigen Namen erhaltet ihr einen Punkt. Wer die Namen in die korrekte Reihenfolge bringt, erhält einen Zusatzpunkt.

2.) Sophie Haas ermittelte in Hengasch

3.) Columbo besaß einen Basset mit dem Namen „HUND"

4.) Münster

5.) Kommissar Stedefreund wurde erschossen

6.) Anwalt Voss wurde erschossen

7.) Kommissarin Krusenstern wurde in einer Tatort-Gemeinschaftsproduktion erschlagen aufgefunden

8.) Max Ballauf ermittelte vor seiner Kölner Zeit in Düsseldorf

9.) Klaus Doldinger

10.)
Hauptkommissar Erwin Köster
Hauptkommissar Leo Kress
Hauptkommissar Rolf Herzog
Kriminalhauptkommissar Richard Voss

Für jeden richtigen Namen erhaltet ihr einen Punkt. Wer die Namen in die richtige Reihenfolge bringen kann, erhält einen Zusatzpunkt.

11.) Derrick

12.) Grafschaft Midsummer

13.) Großstadtrevier

14.) Münster - Hamburg

15.) Venedig

16.) Sein Nachfolger wurde Peter Heinrich Brix. Er spielt den Kommissar Carl Sievers seit 2018.

17.) Lübeck und Umgebung

18.) Herbert Knaup

19.) Es handelt sich um eine Krimi-Serie über das Berlin den 1920er Jahren. Weimarer Republik.

20.) Kommissar REX

Kapitel 3: Filme und Kino

1.) Wer hat die Figur James Bond erfunden?

2.) Sean Connery gilt als der beliebteste Bond-Darsteller aller Zeiten. In wie vielen Filmen hat er seine Cocktails geschüttelt und nicht gerührt? Und könnt ihr die Filme nennen?
Für jede richtige Antwort erhaltet ihr einen Punkt.

3.) Die Titelmusik für die folgenden James-Bond-Filme wurde gesungen von?
- Stirb an einem anderen Tag
- Casino Royale
- Ein Quantum Trost
- Skyfall
- Spectre
- No Time to die

Für jede richtige Antwort gibt es einen Punkt.

4.) Welcher Schauspieler hat James Bond nur einmal dargestellt?
Ihr erhaltet einen Sonderpunkt, wenn ihr auch den Titel dieses Bond-Films nennen könnt.

5.) Wer spielte in „Das Schweigen der Lämmer" die folgenden Hauptrollen?
- Clarice Starling
- Hannibal Lecter

6.) Der Thriller BASIC INSTINCT war der Kino-Aufreger im Jahr 1992.
Wer spielte die weibliche Hauptrolle und erreichte damit den Durchbruch zum Topstar?

7.) Eine „Verhängnisvolle Affäre“ hatten im Jahr 1987 zumindest auf der Leinwand?

8.) „Die Vögel“, „Psycho“, „Das Fenster zum Hof“ und „Der unsichtbare Dritte“ waren nur einige Filme von welchem Regisseur?

9.) Wie heißt Miss Marple mit Vornamen und wie Mr. Stringer? Für jede richtige Antwort erhaltet ihr einen Punkt.

10.) Von welchem Regisseur stammen diese Filme:
Pulp Fiction / Kill Bill / Inglourious Basterds

11.) Der Regisseur Guy Ritchie hat die Abenteuer von Sherlock Holmes neu verfilmt.
Wer übernahm die Rolle von Holmes, wer die Rollen von Watson?

12.) Welche Regielegende verfilmte die Geschichte des Mafia-Killers Frank Sheeran mit den Oscarpreisträgern Robert De Niro und Al Pacino in den Hauptrollen? Der Filmtitel ist „The Irishmann“.

13.) Der ewige Gegenspieler von BATMANN heißt?

14.) Wie heißt der New Yorker Polizist, den Bruce Willis u.a. in den Filmen „Stirb langsam / Ein guter Tag zum Sterben" darstellt?

15.) Der Thriller „Lola rennt" brachte 1998 für Franka Potente und Moritz Bleibtreu in den Hauptrollen den Durchbruch. In welcher deutschen Stadt spielt dieser Film und wie heißt der Regisseur?

Antworten

1.) Ian Fleming

2.) Es waren 7 Verfilmungen

- „James Bond jagt Dr. No“ (1962)
- „Liebesgrüße aus Moskau“ (1963)
- „Goldfinger“ (1964)
- „Feuerball“ (1965)
- „Man lebt nur zweimal“ (1967)
- „Diamantenfieber“(1971)
- „Sag niemals nie“ (1983)

3.)

Stirb an einem anderen Tag	Madonna
Casino Royale	Chris Cornell
Ein Quantum Trost	Alicia Keys + Jack White
Skyfall	Adele
Spectre	Sam Smith
No Time to Die	Billie Eilish

4.) George Lazenby
Sonderpunkt, wenn man den Titel dieses Bond-Films nennen kann: „Im Geheimdienst Ihrer Majestät“ (1969)

5.)
Clarice Starling = Jodie Foster
Hannibal Lecter = Anthony Hopkins.

6.) Sharon Stone

7.) Glen Close und Michael Douglas

8.) Alfred Hitchcock

9.) Jane Marple und Jim Stringer

10.) Quentin Tarantino

11.) Robert Downey Jr. spielte Holmes, Jude Law spielte Watson

12.) Martin Scorsese

13.) Joker

14.) John McClane

15.) Tom Tykwer / Berlin

Kapitel 4: Krimi-Literatur

Wer hat diese Bestseller geschrieben? Um die Chancen zu erhöhen, nennen wir hier immer drei recht bekannte Buchtitel eines Autors.

1.) Eine unbeliebte Frau / Schneewittchen muss sterben / Böser Wolf

2.) Amokspiel / Der Augensammler / Passagier 23

3.) Bertrams Hotel / Mord im Orient Express / Tod auf dem Nil

4.) Erbarmen / Schändung / Opfer 2117

5.) Der fremde Gast / Das andere Kind / Der Beobachter.

6.) Der Kontrabaß / Die Taube / Das Parfüm

7.) Ostfriesen-Moor / Ostfriesen-Falle / Ostfrieden-Wut

8.) Die falsche Fährte / Die Brandmauer / Mörder ohne Gesicht

9.) Flammen im Sand / Inselzirkus / Küstennebel

10.) Die Firma / Das Komplott / Berufung

11.) Oxen - Das 1.Opfer / Oxen - Der dunkle Mann / Oxen - Gefrorene Flammen

12.) Venezianisches Finale / Endstation Venedig / Venezianische Scharade

13.) Der Hahn ist tot / Kalt ist der Abendhauch / Die Apothekerin

14.) Grimmbart / Seegrund / Erntedank

15.) Lukkas Erbe / Der stille Herr Genardy / Ein süßer Sommer

Weitere Fragen zu bekannten Krimi Autoren und deren Werken:

16.) Lisbeth Salander ist eine Erfindung welches Schriftstellers?

17.) Nenne Titel aus der Millennium-Saga um Lisbeth Salander und Mikael Blomkvist, die vom Autor selbst geschrieben wurden. Für jeden richtigen Titel erhältst du einen Punkt.

18.) Aus welchem Land stammt die Jugendbuch-Reihe „Die 3 ???“ ursprünglich?

19.) Wer hat die Figur Sherlock Holmes erfunden?

20.) Von welchem Schriftsteller wurde die fiktive Figur Professor Robert Langdon erschaffen?

21.) Wer ist die zurzeit erfolgreichste deutsche Krimiautorin (Stand 2019)?

22.) Unter welchem Pseudonym hat Erfolgsautorin J. K. Rowling (Harry Potter) bisher zwei Kriminalromane veröffentlicht? (Der Ruf des Kuckucks / Der Seidenspinner)

23.) Mit welcher Krimireihe war der schwedische Schriftsteller Henning Mankell vor allem im deutschsprachigen Raum besonders erfolgreich?

24.) Wie heißt das bisher bekannteste Werk des deutschen Kriminalautors Frank Schätzing?

25.) Als erster Autor regelrechter Detektivgeschichten ist Edgar Allan Poe zu nennen. Aus welchem Land stammte er?

Antworten

1.) Nele Neuhaus
2.) Sebastian Fitzek
3.) Agatha Christie
4.) Jussi Adler Olsen
5.) Charlotte Link
6.) Patrick Süsskind
7.) Klaus Peter Wolf
8.) Henning Mankell
9.) Gisa Pauly
10.) John Grisham
11.) Jens Henrik Jensen
12.) Donna Leon
13.) Ingrid Noll
14.) Klüpfinger-Kobr
15.) Petra Hammesfahr
16.) Stieg Larrson
17.) Verblendung / Verdammnis / Vergebung
18.) Die drei ??? ist eine Jugendbuch-Reihe, die ursprünglich aus den Vereinigten Staaten stammt und in viele Sprachen übersetzt wurde
19.) Arthur Conan Doyle
20.) Dan Brown
21.) Charlotte Link mit 23.000.000 Büchern (Stand 2019)
22.) Robert Galbraith
23.) Mit der Krimireihe um Kommissar Kurt Wallander
24.) Der Schwarm
25.) USA

Kapitel 5: Schätzfragen

In diesem Kapitel haben wir Lösungen mit A / B und C vorgegeben. Ihr müsst nur noch die richtige Auswahl treffen.

1.) Wer sich nicht an Recht und Gesetz hält, muss unter Umständen eine Gefängnisstrafe verbüßen.
Wie viele JVAs (geschlossener und offener Vollzug) gab es zum Stichtag 30.11.2018 in Deutschland?

A) 98	B) 179	C) 243

2.) In welchem Bundesland der BRD gibt es die meisten JVAs?

A) NRW	B) Bayern	C) Hessen

3.) Wie viele Menschen wurden 2018 in Deutschland ermordet?
(die Dunkelziffer ist sicher viel höher; hier geht es um die offiziell festgestellten Taten)

A) 386	B) 512	C) 621

4.) Wie viele Morde wurden 2018 aufgeklärt?

A) 46 %	B) 63 %	C) 95 %

5.) Wie viele Polizisten gab es 2019 in Deutschland?

A) 197.231	B) 243.983	C) 319.400

6.) Wie viele Diebstahlsdelikte wurden 2018 zur Anzeige gebracht?

A) 536.201	B) 1.456.346	C) 1.936.315

7.) Wie viele Wohnungseinbruchdiebstähle wurden 2018 bundesweit erfasst?

A) 87.345	B) 97.504	C) 101.234

8.) Wie hoch war die Aufklärungsquote bei Wohnungseinbruchsdiebstählen?

A) 7 %	B) 18,1 %	C) 25,7 %

9.) Wo sitzt das Bundesamt für Justiz?

A) Berlin	B) Bonn	C) Karlsruhe

10.) Wie viele Geheimdienste gibt es in Deutschland?

A) 1	B) 3	C) 5

11.) Wie viele Männer befanden sich zum Stichtag 30.11.2018 in Sicherungsverwahrung?

A) 129	B) 239	C) 559

12.) Wie viele Frauen befanden sich zum Stichtag 30.11.2018 in Sicherungsverwahrung?

A) 1	B) 14	C) 38

13.) Wie viele Frauen befanden sich zum Stichtag 30.11.2018 in U-Haft?

A) 239	B)567	C) 896

14.) Wie viele Männer befanden sich zum Stichtag 30.11.2018 in U-Haft?

A) 2.245	B) 8.345	C)13.060

15.) Was kostet eine Obduktion in Deutschland?

A) 950,00 €	B) 1.400,00 €	C) 2.100,00 €

16.) Wie viele Gefangene/Verwahrte saßen zum Stichtag 30.11.2018 in deutschen Gefängnissen ein?

A) 63.643	B) 101.201	C) 121.887

17.) Wie viele zugelassene Anwälte gab es zum 1.1.2019 in Deutschland?

A) 76.231	B) 145.345	C) 165.100

18.) Seit wann wird die Serie „Alarm für Cobra 11“ ausgestrahlt?

A) 1996	B) 2001	C) 2004

19.) Die deutsche Polizeiliche Kriminalstatistik (PKS) ist die bekannteste und am häufigsten zitierte Kriminalstatistik. Seit wann wird sie jährlich vom Bundeskriminalamt herausgegeben?

A) 1953	B) 1972	C) 1989

20.) Wie viele Räder werden pro Jahr in Deutschland gestohlen?

A) 292.000	B) 181.000	C) 91.000

Antworten

1.) Antwort B, 179

2.) Antwort A, NRW mit 36 Einrichtungen

3.) Antwort A, 386 - die Dunkelziffer ist sicher viel höher; hier geht es um die offiziell festgestellten Taten

4.) Antwort C, 95 %

5.) Antwort B, 319.400

6.) Antwort C, 1.936.315

7.) Antwort C, 101.234

8.) Antwort B, 18,1 %

9.) Antwort B ist richtig:
Bundesamt für Justiz
Adenauerallee 99 – 103
53113 Bonn

10.) Antwort B
BND- Bundesnachrichtendienst
MAD – Militärischer Abschirmdienst
BFV Bundesamt für Verfassungsschutz

11.) Antwort C, 559

12.) Antwort A, 1

13.) Antwort C, 896

14.) Antwort C, 13.060

15.) Antwort A, etwa 950,00 Euro

16.) Antwort A, 63.643

17.) Antwort C, zum 1. Januar 2019 waren bei der Bundesrechtsanwaltskammer in Deutschland rund 165.100 zugelassene Rechtsanwälte registriert.

18.) Antwort A, 1996

19.) Antwort A, 1953

20.) Antwort A, 292.000

Kapitel 6: Todesfälle und Verbrechen, die große Aufmerksamkeit in der Öffentlichkeit erregt haben

1.) In welcher Stadt tötete Jack the Ripper 1888 insgesamt 5 Frauen?

2.) Wurden diese prominenten Personen ermordet oder starben sie durch andere Umstände?
- John Lennon
- Martin Luther King
- Klaus Kinski
- Elvis Presley
- Arbeitgeberpräsident Martin Schleyer
- Amy Winehouse

3.) Wer war der berühmteste deutsche Spion der Nachkriegszeit?

4.) Welche deutsche Schauspielerin erschoss 1977 ihren Geliebten?

5.) Der ehemalige US-amerikanische Football-Star und Schauspieler O.J. Simpson wurde 1995 wegen Mordes an seiner Ehefrau Nicole Brown und ihrem Freund Ronald Goldmann angeklagt. Wurde er verurteilt oder freigesprochen?

6.) Der Fall von Oscar Pistorius ging weltweit durch die Medien. Der Paralympics-Star hat 2013 seine Freundin Reeva Steenkamp durch eine geschlossene Badezimmertüre erschossen. Wurde er verurteilt oder freigesprochen?

7.) Moderator und Wetterfrontmann Jörg Kachelmann wurde 2010 verhaftet, da seine Ex-Freundin Claudia D. ihn wegen Vergewaltigung angezeigt hatte. Wurde er verurteilt oder freigesprochen?

8.) Uli Hoeneß wurde 2014 wegen Steuerhinterziehung zu einer Gefängnisstrafe verurteilt.
Wie hoch war die Strafe?

9.) Welcher Bundeskanzler musste aufgrund der Guillaume-Affäre zurücktreten?

10.) Seit die Metoo-Debatte 2017 ins Rollen kam, haben mehr als 80 Frauen dem Hollywood-Produzenten Harvey Weinstein sexuelle Übergriffe vorgeworfen. Im Jahr 2020 wurde ihm der Prozess gemacht. Wurde Weinstein verurteilt oder freigesprochen?

11.) Julian Paul Assange ist ein investigativer Journalist, australischer Politaktivist, ehemaliger Computerhacker, Programmierer und Gründer sowie Sprecher der Enthüllungsplattform WikiLeaks.

In welcher Botschaft (Land) hat er nach der drohenden Auslieferung nach Schweden 7 Jahre lang politisches Asyl erhalten? Nenne die Botschaft und, für einen Zusatzpunkt, auch das Land, welches ihn nach Schweden überstellen wollte.

12.) Edward Joseph „Ed“ Snowden ist ein US-amerikanischer Whistleblower und ehemaliger CIA-Mitarbeiter. Seine Enthüllungen gaben Einblicke in das Ausmaß der weltweiten Überwachungs- und Spionagepraktiken von Geheimdiensten – überwiegend jenen der Vereinigten Staaten und Großbritanniens. Diese lösten im Sommer 2013 die NSA-Affäre aus. In welchem Land hat Edward Snowden den Asylstatus erhalten?

13.) Warum darf der Regisseur Roman Polański nicht mehr in seine Heimat, die USA, reisen?

14.) In welcher Stadt hat der saudi-arabische Journalist Jamal Ahmad Khashoggi am 02.10.2018 das saudi-arabische Konsulat betreten und wurde dort getötet?

15.) Am 15. Juli 1997 wurde Modezar Gianni Versace mit zwei Schüssen in den Hinterkopf getötet, als er gerade vom Zeitungseinkauf zurückkehrte. In welcher Stadt fand diese Bluttat statt?

Antworten

1.) London

2.) Wurden diese prominenten Personen ermordet, oder starben sie eines natürlichen Todes?
- John Lennon: 8.12.1980 erschossen vor seinem Haus
- Martin Luther King: 4. April 1968 wurde King auf dem Balkon seines Motels in Memphis, Tennessee erschossen
- Klaus Kinski: Am 23. November 1991 starb Klaus Kinski im Alter von 65 Jahren in seinem Haus in Kalifornien an einem Herzproblem.
- Elvis Presley: starb am 16.8.77 an Herzversagen
- Arbeitgeberpräsident Martin Schleyer: 18.10.1977, ermordet von der RAF
- Amy Winehouse: 23.7.2011, starb an einer Alkoholvergiftung

3.) Günther Guillaume

4.) Ingrid van Bergen

5.) Freigesprochen. In einem nachfolgenden Zivilprozess gegen Simpson wurde den Opferfamilien jedoch eine Entschädigung von 33,5 Millionen US-Dollar zugesprochen

6.) Verurteilt; nach langem Hin und Her sitzt er nun für 13 Jahre und fünf Monate im Gefängnis

7.) Freigesprochen

8.) Das Strafmaß war dreieinhalb Jahre Haft

9.) Willy Brandt

10.) Weinstein wurde schuldig gesprochen

11.) Julian Assange wurde 2012 durch den ecuadorianischen Präsidenten Correa politisches Asyl gewährt, nachdem Großbritannien ihn nach Schweden ausliefern wollte

12.) Russland/ Er lebt in Moskau

13.) 1977 wurde Polański in Los Angeles wegen Vergewaltigung einer Minderjährigen angeklagt. Daraufhin setzte er sich nach London ab. Seitdem reiste er nicht wieder in die USA und vermied auch Reisen in Staaten, in denen eine Auslieferung zu befürchten war

14.) In Istanbul

15.) Miami

Kapitel 7: Querbeet durchs Deutsche RECHT.

Kennt ihr euch aus?

1.) Vor welchem Gericht werden Kapitalverbrechen verhandelt?

2.) Wann verjährt Mord in Deutschland?

3.) Kann ein Pflichtverteidiger ein Mandat ablehnen?

4.) Welche Mindeststrafe erwartet den Täter bei „Totschlag“?

5.) Wie lange darf eine Untersuchungshaft in der Regel dauern?

6.) Nenne mehrere Mordmerkmale, die bei einer Verurteilung wegen Mordes nachgewiesen werden müssen.

7.) Darf ein Arzt, der den Verstorbenen unmittelbar zuvor behandelt hat, auch die Obduktion durchführen?

8.) Wer bezahlt eine Autopsie eigentlich?

9.) Wie nennt man die Personen, die einem verurteilten Straftäter zur Aufsicht und Hilfestellung von Amts wegen zur Seite gestellt wird, wenn die Vollstreckung der

Jugendstrafe oder Freiheitsstrafe oder eines Strafrestes zur Bewährung ausgesetzt wird?

10.) Bekommen Polizeihunde eine Rente?

11.) Gibt es einen Unterschied zwischen Autopsie und Obduktion?

12.) Welcher gemeinnützige Verein kümmert sich in Deutschland um Kriminalitätsopfer?

13.) Darf man gefundene Geldbeträge behalten?

14.) In welcher Zeitspanne nach dem Tod muss die Erdbestattung erfolgen?

15.) Wer darf in Deutschland einen Totenschein ausstellen?

16.) Kann ein Zeuge auch telefonisch zur Aussage vor Gericht eingeladen werden?

17.) Wie lange dauert eine Obduktion/Autopsie im Durchschnitt?

18.) Muss ein Zeuge, der nicht verwandt oder verschwägert ist mit dem Angeklagten, vor Gericht wirklich aussagen?

19.) Wird ein Eid vor oder nach einer Aussage vor Gericht geleistet?

20.) Ab welchem Alter ist man in Deutschland strafmündig und kann vor Gericht gestellt werden?

21.) Welches Strafmaß kann zur Bewährung ausgesetzt werden?

22.) Ihre 15-jährige Tochter will in Begleitung volljähriger Freunde um 19 Uhr zum Tanzen in eine Gaststätte gehen - und kündigt an, dort das eine oder andere Bier trinken zu wollen. Darf sie das laut Jugendschutzgesetz?

23.) Wie lautet das Strafmaß bei schwerer Körperverletzung?

A) 1 - 10 Jahre	B) 3 - 10 Jahre	C) 5 - 10 Jahre

24.) Darf man als Privatperson eine Person, die einer Straftat verdächtigt wird, festhalten?

25.) Unterliegen Apotheker der Verschwiegenheitspflicht?

26.) Wann wurde die Todesstrafe in Deutschland abgeschafft?

27.) Welche Aufgabe hat das Landesjustizprüfungsamt?

28.) Sind Tiere in unserer Gesetzgebung nach wie vor eine Sache?

29.) Gibt es rein rechtlich einen Unterschied zwischen Einbruch und Hausfriedensbruch?

30.) Welche Strafe erwartet einen Täter, wenn er bei/durch Raub den Tod eines anderen Menschen verursacht?

Antworten

1.) Schwurgericht

2.) Der Gesetzgeber sieht keine Verjährung für den Mord vor. Geregelt ist dies in § 78 Absatz 2 StGB.

3.) Nennt der Beschuldigte keinen Anwalt, bestimmt das Gericht den Pflichtverteidiger. Ein vom Gericht beigeordneter Verteidiger kann das Mandat nicht ablehnen. Auch kann der Beschuldigte das Mandat nicht kündigen

4.) Im § 212 StGB zum Totschlag heißt es: Wer einen Menschen tötet, ohne Mörder zu sein, wird als Totschläger mit Freiheitsstrafe nicht unter fünf Jahren bestraft.

5.) Die Untersuchungshaft darf in der Regel höchstens sechs Monate dauern. Ausnahmen können zu einer längeren U-Haft führen.

6.) Mögliche Antworten:
Heimtücke, Habgier, niedrige Beweggründe, Mordlust, Befriedigung des Geschlechtstriebes, Grausamkeit, Verdeckung einer anderen Straftat, Ermöglichung einer anderen Straftat, verwerfliche Absicht.
Für jede richtige Nennung erhaltet ihr einen Punkt.

7.) Der Arzt, der den Verstorbenen unmittelbar zuvor behandelte, darf die Obduktion nicht durchführen.

8.) Die Autopsie wird vom Auftraggeber, in der Regel vom Krankenhaus oder von der Staatsanwaltschaft, bezahlt

9.) Bewährungshelfer

10.) Ja, in verschiedenen Bundesländern gibt es eine Diensthund-Rente, die den Unterhalt der Tiere im Ruhestand sichern soll.

11.) Nein, die Autopsie wird auch Obduktion oder Sektion genannt.

12.) Weißer Ring (vollständige Vereinsbezeichnung in Deutschland WEISSER RING – Gemeinnütziger Verein zur Unterstützung von Kriminalitätsopfern und zur Verhütung von Straftaten e. V.)

13.) Für alles Gefundene gilt grundsätzlich: Wenn Sie wissen, wer es verloren hat, dann sofort zurückgeben. Auf dem Bürgersteig gefundenes Bargeld oder Fundsachen im Wert von bis zu 10 Euro können Sie behalten, wenn Ihnen der Eigentümer nicht bekannt ist.

14.) Bei einer Erdbestattung gilt generell, dass der Verstorbene frühestens nach 48 Stunden und spätestens nach acht Tagen bestattet werden muss.

15.) Der Totenschein wird durch den Arzt ausgestellt, der den Tod feststellt.

16.) Ja, der Zeuge wird in der Regel durch einfachen Brief zur Hauptverhandlung geladen. Möglich ist auch eine mündliche, telefonische oder eine Ladung per Fax. Da eine Ladungsfrist für den Zeugen nicht besteht, kann er sogar zum sofortigen Erscheinen bei Gericht aufgefordert werden.

17.) Eine Obduktion/ Autopsie dauert je nach Todesursache und Komplexität meist zwei bis drei Stunden, längstens vier Stunden.

18.) Ja, der Zeuge ist nicht nur verpflichtet, bei einer Ladung vor Gericht zu erscheinen, sondern er muss auch aussagen. Dabei ist er zur Wahrheit verpflichtet, worüber er in der Verhandlung durch den Richter ausdrücklich belehrt wird.

19.) Der Eid wird stets nach der Aussage geleistet.

20.) Der deutsche Gesetzgeber hat festgelegt, dass grundsätzlich nur diejenigen Täter für eine Straftat strafrechtlich zur Verantwortung gezogen werden können, die mindestens 14 Jahre alt sind. Man spricht insoweit von Strafmündigkeit.

21.) Freiheitsstrafen sind nur bis zu einer Strafe von zwei Jahren bewährungsfähig. Werden Sie also zu einer darüber liegenden Freiheitsstrafe verurteilt, und sei es „nur“

zu zwei Jahren und einem Monat, kann das Gericht die Strafe nicht mehr zur Bewährung aussetzen

22.) Nein. Kinder und Jugendliche unter 16 Jahren dürfen sich nicht ohne Begleitung einer personensorgeberechtigten oder einer erziehungsbeauftragten Person bei öffentlichen Tanzveranstaltungen aufhalten, sie dürfen auch keine alkoholischen Getränke zu sich nehmen.

23.) A) 1 - 10 Jahre

24.) Nach § 127 Abs. 1 Satz 1 der Strafprozessordnung ist jedermann befugt eine Person ohne richterliche Anordnung vorläufig festzunehmen, wenn diese Person auf frischer Tat betroffen oder verfolgt wird und wenn sie der Flucht verdächtig ist oder ihre Identität nicht sofort festgestellt werden kann.

25.) Ja, sie unterliegen der Verschwiegenheitsverpflichtung nach § 203 StGB

26.) Im Jahre 1949

27.) Das Landesjustizprüfungsamt ist zuständig für die Abnahme der zweiten juristischen Staatsprüfung sowie für die Durchführung weiterer Prüfungsverfahren.

28.) Nein, aber: Neu eingefügt wurde § 90a BGB, der besagt, dass Tiere keine Sachen sind und durch besondere

Gesetze geschützt werden. Allerdings sind auf Tiere weiterhin dieselben Vorschriften anzuwenden, die auch für Sachen gelten, soweit im Gesetz nicht etwas anderes bestimmt ist.

29.) Ja. Der maßgebliche Unterschied zwischen den Diebstahlsformen und dem Hausfriedensbruch ist die Zueignungsabsicht. An Hausfriedensbruch kann gedacht werden, wenn der „Einbrecher" ohne Bereicherungsabsicht handelt, aber wissentlich oder erklärtermaßen unwillkommen ist.

30.) Verursacht der Täter durch Raub den Tod eines anderen Menschen, so wird er mit lebenslanger Freiheitsstrafe oder mit Freiheitsstrafe von mindestens zehn Jahren bestraft (251 StGB).

Kapitel 8: REALE Figuren oder Fiktion?

1.) War Jack the Ripper real oder stammt seine Geschichte aus der Literatur?

2.) Gab es Bonny und Clyde wirklich oder sind es fiktive Figuren?

3.) Gab es die Umweltaktivistin Erin Brockovich tatsächlich?

4.) Heino Ferch spielt in bisher zwei Verfilmungen den Kommissar Ingo Thiel. Ist Kommissar Ingo Thiel eine frei erfundene Person oder gibt es einen realen Hintergrund?

5.) War Al Capone eine erfundene Figur oder gab es ihn wirklich?

6.) War der Verbrecher mit dem Pseudonym „Der Hexer“ eine reale Figur oder war er Fiktion?

7.) Gab es den „Mann mit der eisernen Maske“, der Staatsgefangener von Ludwig XIV. gewesen soll, wirklich oder ist er eine Erfindung aus der Literatur?

8.) Ist der in den 80er Jahren durch illegale Geschäfte berühmt gewordene Börsenmakler Bud Fox eine reale oder fiktive Figur?

9.) Gab es die Spionin Mata Hari tatsächlich oder ist sie eine Erfindung?

10.) Gab es den unter dem Pseudonym bekannten „Mittagsmörder“ wirklich, oder ist er eine Romanfigur?

Antworten

1.) Jack the Ripper ist das Pseudonym eines Serienmörders, dem die Morde an mindestens fünf Prostituierten im Herbst des Jahres 1888 im Londoner East End zugerechnet werden. Der Mörder wurde nie gefasst, seine mögliche Identität ist auch noch heute Anlass für Spekulationen.

2.) Bonnie und Clyde war ein aus den Kriminellen Bonnie Elizabeth Parker und Clyde Chestnut Barrow bestehendes US-amerikanisches Verbrecherduo.

3.) Erin Brockovich ist der Titel eines Films aus dem Jahr 2000. Unter der Regie von Steven Soderbergh wurde die wahre Geschichte der Umweltaktivistin Erin Brockovich verfilmt.

4.) Ingo Thiel war Chef der Sonderkommission im Mordfall Mirco. Nach 145 Tagen hatte Thiel den Täter mit seinem TEAM gefasst.

5.) Alphonse Gabriel „Al" Capone war einer der berüchtigtsten Verbrecher Amerikas in den 1920er- und 1930er-Jahren.

6.) Der Hexer war eine fiktive Figur, erdacht von Edgar Wallace.

7.) Der Mann mit der eisernen Maske (oft nur Die Eiserne Maske) († 19. November 1703) war ein unbekannter französischer und geheimnisvoller Staatsgefangener von Ludwig XIV., der von 1669 bis zu seinem Tod 1703 inhaftiert war. Seine Identität ist bis heute Gegenstand von Spekulationen.

8.) Bud Fox ist eine fiktive Figur aus dem US-Film Wallstreet

9.) Mata Hari war der Künstlername der niederländischen Tänzerin Margaretha Geertruida Zelle. Als Spionin des Geheimdienstes führte sie den Decknamen H 21.

10.) Reale Figur. Klaus G. hatte in den 1960er-Jahren fünf Menschen im Großraum Nürnberg umgebracht - und zwar stets um die Mittagszeit. 1967 sprach das Landgericht Nürnberg-Fürth den damals 26-Jährigen wegen fünffachen Mordes und besonders schweren Raubes schuldig. 50 Jahre später kam er wieder auf freien Fuß; kein Häftling saß länger ein.

Quellen:

Wikipedia
Welt.de
Internetseite des Bundesjustizministeriums
www.statista.com
Focus online

Kapitel 9:
60 Fragen, die unter die Haut gehen.

Wetten, ihr wisst nicht alles voneinander? Bei diesem Spiel werden Fragen in den Raum gestellt, zu der jede/r in eurer Runde Stellung nehmen kann.
Tipp: Damit die Fragen rein zufällig gestellt werden, falte einfach kleine Zettelchen mit den Zahlen von 1 – 60 und lass dann jeden der Reihe nach einen davon ziehen und auf die entsprechende Frage antworten.
Die Fragen haben es in sich; wer auf eine Frage nicht antworten mag, kann die Aussage natürlich verweigern (und lädt damit zu Spekulationen ein).

1.) Warst du schon einmal in ein Verbrechen verwickelt?

2.) Hast du schon mal jemanden im Gefängnis besucht?

3.) Hast du selbst schon einmal im Gefängnis eingesessen?

4.) Wurdest du schon einmal als Zeuge von der Polizei verhört?

5.) Hast du schon einmal einen Prozess im Gericht beobachtet, bei dem es um ein Kapitalverbrechen ging?

6.) Du findest im Wald einen Rucksack mit 20.000,00 Euro und einer Waffe. Was machst du nun?

7.) Edward Snowden, der US-amerikanischer Whistleblower und ehemaliger CIA-Mitarbeiter hat durch seine Enthüllungen Einblicke in das Ausmaß der weltweiten Überwachungs- und Spionagepraktiken von Geheimdiensten – überwiegend jenen der Vereinigten Staaten und Großbritanniens, ermöglicht. 2016 wurde er für den Friedensnobelpreis nominiert. Findest du es richtig, dass die USA und Großbritannien ihn vor Gericht stellen wollen? Es droht ihm bei Auslieferung eine langjährige Haftstrafe.

8.) Dein Bruder/Schwester bittet dich um ein falsches Alibi. Wenn du es ihm/ihr nicht gibst, droht ihm/ihr eine Verhaftung wegen Mordverdacht. Wie verhältst du dich?

9.) Du hast den Verdacht, dass dein Kind in eine Straftat verwickelt ist. Wie verhältst du dich?

10.) Deine Frau /dein Mann bittet dich, bei einem Überfall den Fluchtwagen zu fahren. Nach der Tat wären alle finanziellen Sorgen vorbei. Käme so etwas für dich in Betracht?

11.) Du erkennst bei einem Fahndungsaufruf im Internet oder TV einen guten Freund; er soll in einen Banküberfall verwickelt sein. Gibst du der Polizei einen Hinweis oder sprichst du ihn zunächst darauf an?

12.) Du sollst als Zeuge vor Gericht aussagen. Es geht darum, eine Mordserie aufzuklären und die beiden Täter zu verurteilen. Ohne deine Aussage kommen die Täter ziemlich sicher frei. Wenn du aber aussagst, musst du danach in ein Zeugenschutzprogramm und dein bisheriges Leben aufgeben. Sagst du aus?

13.) Wie oft hört man: Wer den Meinen etwas antut, wird mit seinem Leben dafür bezahlen.
Wärst du im Falle eines Falles wirklich dazu imstande, einen anderen Menschen aus Rache zu töten?

14.) Wurdest du schon einmal als Beschuldigter von der Polizei verhört?

15.) Du beobachtest eine dir sehr sympathische Nachbarin bei einem Ladendiebstahl. Wie verhältst du dich?

16.) Bist du schon einmal gestalkt worden?

17.) Hattest du nachts auf dem Heimweg schon einmal das Gefühl, dass dich jemand verfolgt?

18.) Bist du schon einmal überfallen worden?

19.) Hast du schon einmal etwas gestohlen?

20.) Du stellst fest, dass der Mann/die Frau, die/den du liebst, Mitglied einer kriminellen CLAN-Familie ist. Trennst du dich?

21.) Du erkennst als junger Erwachsener plötzlich, dass der erhebliche Reichtum deiner Familie aus kriminellen Geschäften stammt. Nimmst du weiter Geld von deiner Familie?

22.) Ein guter Freund steht nachts plötzlich blutverschmiert vor deiner Tür. Er selbst ist unverletzt und bittet dich um eine Übernachtungsmöglichkeit. Er sagt dir nicht, was geschehen ist. Am nächsten Morgen ist er wieder verschwunden, auch telefonisch kannst du ihn nicht mehr erreichen. Was tust du?

23.) Wurde dir schon einmal etwas gestohlen?

24.) Wurde schon einmal bei dir /euch eingebrochen?

25.) Es ist eine sehr kalte Nacht und alle Straßen und Wege sind tief verschneit. Eine dir fremde Person klingelt an deinem Haus und bittet um Einlass, sie hat Angst, zu erfrieren. Du kannst keine Hilfe von außen holen, die sich der Person annimmt und du bist alleine zu Hause. Lässt du die Person ins Haus?

26.) Warst du schon einmal zur Fahndung ausgeschrieben?

27.) Hast du schon einmal einen Dieb verfolgt?

28.) Hast du schon einmal ein Verbrechen verhindert?

29.) Dein bester Freund stellt dir eine/n neue/n Partner/in vor. Du kennst diese Person von früher und weißt, dass sie mehrfach vorbestraft ist. Dein Freund weiß offenbar nichts davon und scheint mit der neuen Liebe sehr glücklich zu sein. Wie verhältst du dich?

30.) Du wirst als Beschuldigter bei der Polizei vernommen. Du bist unschuldig. Sagst du ohne Anwalt aus?

31.) Deine Schwester wird von ihrem Exfreund gestalkt und hat Angst um ihr Leben. Sie bittet dich, auf dem Schwarzmarkt eine Waffe für sie zu besorgen. Kommst du der Bitte nach?

32.) Ein Freund übergibt dir einen Umschlag und sagt, wenn ihm etwas passiere, sollst du den Umschlag der Polizei überbringen. Wie verhältst du dich?

33.) Deine Mutter hat bereits den 4. Ehemann überlebt und jedes Mal sehr viel Geld geerbt. Alle Männer starben an plötzlichem Herzversagen. Machst du dir Gedanken darüber?

34.) Die Ehefrau eines Nachbarn ist seit Wochen verschwunden. Auf Nachfrage sagt dir ihr Mann knapp, sie sei verreist. Die beiden leben sehr zurückgezogen und haben keine Familie oder Freunde. Wie verhältst du dich, wenn die Nachbarin auch nach Monaten nicht mehr auftaucht?

35.) Deine 17-jährige Tochter hat einen neuen Freund und ist total verknallt in diesen. Der Freund ist nicht nur überheblich, unverschämt und arrogant dir gegenüber; er ist auch vorbestraft und arbeitslos, er kifft und er hat denkbar schlechten Einfluss auf deine Tochter. Wie gehst du damit um?

36.) Du fährst nachts alleine mit dem Wagen über eine einsame Landstraße. Plötzlich siehst du vor dir auf der Fahrbahn eine vermeintlich leblose Person. Wie verhältst du dich?

37.) Dein Mann/ deine Frau hat plötzlich sehr viel Geld zu Verfügung. Er/sie bucht Urlaub, kauft ein neues Auto und plant einen Hausbau. Er/sie sagt dir nicht, woher das Geld stammt und du weißt, dass er/sie es nicht verdient haben kann im Job. Wie gehst du damit um?

38.) Ein Bekannter bietet dir unter der Hand einen teuren und hochwertigen TV-Apparat für einen Schnäppchen-Preis an. Fragst du ihn, woher das Gerät stammt oder ist es dir egal?

39.) Eine Gruppe junger Männer schüchtert an einer Bushaltestelle eine junge Frau ein. Du bist die einzige weitere, anwesende Person. Was tust du?

40.) Deine Nachbarn verstecken einen von Abschiebung bedrohten Asylanten, den du zufällig entdeckt hast. Wie verhältst du dich?

41.) Hast du schon einmal Mut bewiesen in einer außergewöhnlichen, kritischen Situation?

42.) Gibt es in deinem Leben ein Ereignis, wo du ein Nichteingreifen später bereut hast?

43.) Würdest du einen bewaffneten Bankräuber verfolgen?

44.) Würdest du einen verzweifelten, zur Ausreise verpflichteten Migranten verstecken?

45.) Dein Auto wurde schon das dritte Mal zerkratzt. Du kennst den Täter, er verhöhnt dich mit der Tat. Die Polizei kann ihm nichts nachweisen. Allerdings steht sein Auto nachts unbewacht auf der Straße. Was tust du?

46.) Würdest du deinem Kind einen Chip implantieren lassen, um immer seinen Aufenthaltsort zu wissen?

47.) Würdest du das Handy deines Kindes heimlich mit einem Ortungssystem versehen, um immer zu wissen, wo es ist?

48.) Du hast das Gefühl, dein Partner betrügt dich. Würdest du einen Detektiv beauftragen, um Gewissheit zu bekommen?

49.) Es gibt Treuetester, die Ehemänner und Frauen auf Treue testen. Wäre das eine Option für dich?

50.) Du stellst fest, dass dein betagter Vater bereits mehrfach große Geldbeträge an eine in deinen Augen zwielichtige Organisation gespendet hat. Wenn dies so weitergeht, wird er bald seine gesamten Rücklagen verschenkt haben. Auf deine Bedenken hin, reagiert er unwirsch und uneinsichtig. Was tust du?

51.) In deiner Nachbarschaft zieht ein einschlägig vorbestrafter Sexualstraftäter ein; es gibt Bürgerproteste. Beteiligst du dich am Protest?

52.) In deiner Nachbarschaft soll eine Klinik mit Forensischer Psychiatrie gebaut werden, die sich mit der Unterbringung und Behandlung von psychisch kranken Straftätern befasst. Wie stehst du dazu?

53.) In deinem Ort soll ein Gefängnis mit Hochsicherheitstrakt gebaut werden. Wie stehst du dazu?

54.) Was wäre eine angemessene Strafe für jemanden, der vorsätzlich einen Hund / Katze tötet?

55.) Du stellst fest, dass dein Chef das Finanzamt betrügt. Du sprichst ihn darauf an und er bietet dir eine sehr ansehnliche Gehaltserhöhung für dein Schweigen. Was tust du?

56.) Würdest du bei einem Entführungsfall in deiner Familie die Polizei einschalten, obwohl der Täter dies ausdrücklich untersagt hat?

57.) Du erbst 300.000,00 Euro von einem Schwarzgeldkonto in Panama. Zeigst du dies dem Finanzamt an?

58.) Du kaufst ein Haus und findest beim Renovieren unter den Bodendielen wertvollen Schmuck. Die Vorbesitzerin ist dement und lebt in einem Heim; sie hat allerdings Erben. Wie verhältst du dich? Informierst du die Erben über den Fund?

59.) Würdest du dich im Rahmen einer Protestbewegung zur Rettung eines großen Waldgebietes an Bäume ketten lassen?

60.) Findest du es richtig, dass ein Täter, der unter Alkoholeinfluss eine Straftat begeht, gegebenenfalls mildernde Umstände erhält und daher weniger hart bestraft wird?

Ratekrimis für schlaue Detektive Groß und Klein

Ratekrimi 1: Der gestohlene Hund

„Wastl, Wastl!“
Die Stimme, die an diesem Nachmittag laut rufend durch den Stadtpark hallte, klang verzweifelt.
Die beiden Streifenpolizisten Florian und Joanna, die soeben den Park durchquerten, um nach dem Rechten zu sehen, gingen der Stimme nach und trafen kurz darauf eine ältere, sehr aufgeregte Dame an.
„Können wir Ihnen helfen?“, fragte Joanna freundlich.
„Mein Wastl ist weg. Einfach weg. Man muss ihn gestohlen haben, denn ich hatte ihn, als ich eben die Enten am Weiher gefüttert habe, nur kurz an der Bank dahinter angebunden!“, rief die Dame aufgebracht. „Man darf ja keine Hunde mit zu den Enten nehmen. Ich mache das jeden Tag so und Wastl wartet immer brav auf mich!“
Florian nahm die Frau am Arm und führte sie zu einer Bank in der Nähe.
„Am besten, Sie setzen sich einmal kurz hierher. Sie sind ja ganz blass. Wie lange ist er denn schon verschwunden und was für eine Rasse ist der Wastl?“
Die Dame zog ein Taschentuch aus der Jackentasche und schnäuzte sich.
„Der Wastl ist ein Rauhaar-Dackel. Er ist 10 Jahre alt und weg ist er jetzt schon gut eine halbe Stunde!“

„Und befreit haben kann er sich nicht?", mischte Joanna sich in das Gespräch ein.
Die Dame schüttelte den Kopf.
„Nein, und wenn, er wäre mir höchstens nach- aber niemals vor mir weggelaufen! Ich glaube, Wastl wurde gestohlen. Da war so ein junger Kerl, der hat hier rumgelungert und der ist mir gar nicht geheuer gewesen. Er hat uns die ganze Zeit so seltsam beobachtet."
Florian nahm sein Notizbuch hervor.
„Wie sah er denn aus, der junge Kerl?"
Die Dame überlegte kurz.
„Er war groß, jung und er hat eine rote Bommelmütze getragen!"
Joanna sah Florian lächelnd an. „Na, die Beschreibung sagt uns was!", erklärte sie Wastls Besitzerin.
„Wenn der junge Mann ihren Dackel hat, wissen wir, wo wir ihn finden."
Kurze Zeit später klingelten die beiden bei Jonas K., der leider bereits mehrfach durch kleinere Delikte aufgefallen und der Polizei gut bekannt war.
Jonas war tatsächlich zu Hause und öffnete, immer noch mit seinem Markenzeichen, der roten Bommelmütze, bekleidet, die Türe.
Als er Joanna und Florian erblickte, wollte der die Türe gleich wieder zustoßen, aber Joanna hatte blitzschnell einen Fuß zwischen Tür und Rahmen gestellt.
„Was soll das?", rief Jonas unwirsch. „Ich hab nichts gemacht!"

„Das werden wir gleich feststellen", rief Florian in strengem Ton und trat näher.
„Wir suchen den Hund einer älteren Dame. Er ist eben aus dem Stadtpark verschwunden und sie wurden in der Nähe gesehen!"
„Blödsinn", empörte sich Jonas. „Ich war die ganze Zeit hier. Es fällt euch wohl kein anderer ein, der einen Dackel gestohlen haben könnte, was?"
Joanna lachte laut auf.
„Bisher war es nur eine Vermutung, aber jetzt sind wir sicher, dass Sie das Tier mitgenommen haben!"

Wenig später konnte Wastl seiner überglücklichen Besitzerin übergeben werden. Er war tatsächlich bei Jonas K. in der Wohnung gewesen.
Was war Joanna und Florian bei der Vernehmung aufgefallen? Warum waren sie plötzlich so sicher, dass Wastl von Jonas K. gestohlen worden war?

Lösung:
Joanna und Florian haben Jonas K. nur gesagt, dass ein Hund gesucht wird. Er aber wusste, dass ein Dackel gesucht wurde.

Ratekrimi 2: Unter Verdacht

Die Fußgängerzone war voll an diesem Samstagmorgen; sehr viele Menschen drängelten sich die Einkaufsstraße hinauf und hinunter. Manche gingen langsam und schauten sich in Ruhe die Schaufensterauslagen an und andere wiederum schienen es sehr eilig zu haben und gingen schnellen Schrittes in die eine oder andere Richtung.

Die Streifenpolizisten Joanna und Florian hatten an diesem Tag wie so oft gemeinsam Dienst und bewegten sich ebenfalls durch die Mengenmenge. Wachsam ließen sie ihre Blicke über die Straße gleiten; alleine ihre Präsenz sollte Taschendiebe warnen und von unerlaubten Zugriffen in fremde Taschen abhalten.

Plötzlich wurden die Ermittler aufmerksam. Eine ältere Frau rannte in kurzer Entfernung an ihnen vorbei und wirkte sehr ängstlich. Immer wieder sah sie sich um und setzte dann ihren Weg, immer schneller werdend, fort.

Florian ließ seinen Blick durch die Menge schweifen. Wovor hatte die Dame, die einen auffallend schicken roten Mantel trug und sehr gepflegt wirkte, solche Angst?

Dann plötzlich entdeckte er den Grund. Zwei junge Männer verfolgten die Frau. Die beiden waren mit schwarzen Anzügen bekleidet und trugen dunkle Sonnenbrillen. Eilig liefen sie hinter der Frau her.

Auch Joanna hatte die Situation sofort erkannt. Mit wenigen Schritten war sie bei der Dame und stellte sich ihr in den Weg, während Florian auf die Verfolger zuging und diese mit einer energischen Handbewegung stoppte.

Die Dame war völlig aus der Puste und wirkte eher unwirsch als erleichtert.
„Kann ich Ihnen helfen?", fragte Joanna nun und ließ dabei ihren Kollegen Florian, der mit den beiden Herren diskutierte, nicht aus den Augen.
Die Dame schüttelte den Kopf.
„Ich habe es eilig und möchte gerne weitergehen", erklärte sie unwirsch und wollte sich an Joanna vorbeidrängeln.
„Einen tollen Mantel tragen Sie da", stellte die Polizistin freundlich lächelnd fest.
„Ja, das stimmt wohl. Jetzt muss ich aber los!"
Erneut wollte die Frau sich an Joanna vorbeischieben, aber diese versperrte ihr mit einem Schritt den Weg.
„Ja, wirklich. Sehr hübsch, aber mit 389,00 Euro auch kein Schnäppchen!"
Die Dame nickte und warf erneut einen nervösen Blick in Richtung ihrer Verfolger. „Qualität kostet halt, aber ich muss jetzt wirklich weiter! Lassen Sie mich bitte vorbei!"
„Das wird wohl nichts", sagte Joanna in strengem Ton und hielt die Dame am Arm fest. Dann winkte sie Florian, der mit den beiden Verfolgern rasch näher kam, zu.
Frage: Warum hat Joanna die Dame festgehalten?
Könnt ihr euch vorstellen, was passiert ist?

Lösung:
Joanna wusste den Preis von dem schicken Mantel, weil sie das Preisschild, welches noch am Mantel hing, gesehen hat. Die beiden Verfolger waren Kaufhausdetektive, die die Manteldiebin verfolgt haben.

Ratekrimi 3: Fundsache

Es war sehr heiß an diesem Tag. Der Wetterbericht hatte auch für die kommenden Tage Temperaturen über 35 Grad im Schatten vorhergesagt. Kein Wunder, dass sich im Freibad bereits an der Kasse lange Schlangen bildeten. Die Polizisten Joanna und Florian hatten sich nach Dienstschluss ebenfalls an der Kasse angestellt und warteten geduldig darauf, hineingelassen zu werden.

Endlich war es soweit, nur noch ein Kunde befand sich vor ihnen am Kassenhäuschen.

„3,00 Euro", sagte die Dame, die den Eintritt kassierte und sah den Kunden freundlich an.

Dieser zog ein Portemonnaie hervor und öffnete den Reißverschluss an der Seite. Hier befanden sich allerdings nur Kreditkarten.

Dann klappte er das Portemonnaie auf und öffnete ein mit Druckknopf verschlossenes Fach. Leider war auch hier kein Geld und so langsam wurden die Wartenden hinter ihm ungeduldig.

„Boh, bracht der noch lange?", flüsterte Florian seiner Kollegin zu, die auch nur einen Wunsch hatte: endlich ins kühle NASS springen.

Nachdem der Mann noch in einem weiteren Fach des Portemonnaies gesucht hatte, fand er endlich einen 5,00 Euro-Schein und bezahlte den Eintritt.

Kurz darauf war er im Getümmel des Freibades verschwunden und auch unsere beiden Polizisten schwam-

men wenig später im Schwimmerbecken die ersten Runden zur Abkühlung.
Als Joanna und Florian kurz darauf gut gelaunt auf ihren Handtüchern lagen, bemerkten sie Unruhe am nur wenige Meter entfernten Eingang.
Da ein Polizist niemals Feierabend hat, standen die beiden auf und erkundigten sich bei einem der Bademeister, was passiert war.
„Einer Dame ist wohl das Portemonnaie verloren gegangen", erklärte dieser. „Sie hat es vermutlich auf dem Weg vom Parkplatz zum Kassenhäuschen verloren. Da kann man nix machen, außer zu hoffen, dass sich der Finder meldet!"
Joanna sah Florian an und beide dachten in diesem Moment dasselbe!
Könnt ihr euch vorstellen, was unsere beiden Polizisten vermuten?

Lösung: Der Mann, der vor den beiden an der Kasse war, wusste offenbar gar nicht, wo sich das Bargeld in seiner Geldbörse befand. Er hat das Portemonnaie vermutlich auf den Parkplatz gefunden, aber nicht abgegeben.

Ratekrimi 4: Flohmarkt

„Bist du sicher, dass du dich nicht in der Zeit geirrt hast?", fragte Polizist Florian seine Kollegin Joanna und lief müde hinter ihr her über den kleinen Flohmarkt, der, wie jeden ersten Samstag im Monat, auf dem Marktplatz stattfand.

„Ganz sicher!", betonte Joanna und sah sich interessiert um.

„Jetzt bauen alle auf, und wenn man ein Schnäppchen machen möchte, muss man so früh hier sein!"

Florian verdrehte die Augen. Es war gerade einmal 06:00 Uhr und noch nicht einmal richtig hell. Er bereute seit dem Aufstehen vor einer Stunde, dass er Joanna zugesagt hatte, sie an diesem dienstfreien Tag auf den Flohmarkt zu begleiten, auf dem sich trotz der frühen Stunde schon viele Händler und auch erste Kaufinteressenten tummelten.

Jetzt blieb Joanna an einem Stand stehen und betrachtete die Gegenstände, die von einer jungen Frau gerade aus einem Kofferraum auf einen Verkaufstisch geräumt wurden.

„Guck mal, Florian", rief Joanna begeistert. „Eine total schöne Lampe. Die könnte gut in meinem Wohnzimmer aussehen. Was meinst du?"

Noch bevor Florian antworten konnte, hatte seine Kollegin bereits einen weiteren Gegenstand in der Hand und hielt ihn entzückt hoch.

„Ein silberner Kerzenständer. Der ist wirklich klasse!"

Sie wandte sich an die Verkäuferin.

„Was soll der kosten?"
Die junge Frau zog kurz die Stirn kraus und überlegte.
„Hm, der ist echt Silber. Ich würde sagen, für 80,00 Euro gehört er Ihnen!"
„80,00 Euro, wow. Kein schlechter Preis für einen Trödel. Ich biete 30,00 Euro", erklärte Joanna selbstbewusst und auch ein bisschen enttäuscht. Nach einem Schnäppchen sah das hier nicht aus.
Die junge Frau schüttelte den Kopf.
„Nee, für 30,00 Euro gebe ich den nicht raus. 70,00 Euro ist das Mindeste!"
Florian schickte sich an, weiterzugehen.
„Komm, Joanna", rief er unwirsch. „Wir können doch noch woanders gucken. So toll ist der Kerzenständer nun auch nicht."
Die Angesprochene schien unentschlossen und zögerte noch einen Moment.
Ein älterer Mann, der das Gespräch mitangehört hatte, stellte sich dazu und schien ebenfalls Interesse an dem Kerzenständer zu haben.
„Echtes Silber sagen Sie? Dann ist er mindestens 60 Euro wert. Sind wir im Geschäft?"
Fragend sah er die junge Verkäuferin an. Diese überlegte kurz und nickte dann.
„Okay, für 60,00 Euro gehört er Ihnen."
Der Mann zückte sein Portemonnaie und hielt der jungen Frau 2 dreißig Euroscheine hin.
Diese strahlte, nahm das Geld und steckte es eilig ein.

Noch bevor Joanna reagieren sagen konnte, trat Florian vor und nahm den Mann, der sich soeben mit dem Kerzenständer davon machte wollte, mit einem festen Griff am Arm.

„Hiergeblieben, mein Freund! Sie sind verhaftet!", erklärte er mit strenger Stimme.

Joanna nicke zustimmend, nahm dem Verdächtigen den Kerzenständer ab und stellte ihn zurück auf den Verkaufstisch.

Was ist unseren beiden Polizisten aufgefallen? Warum haben sie den Mann verhaftet?

Lösung:
Der Mann hat mit Falschgeld bezahlt. Es gibt keine 30,00 Euro-Scheine.

Das Familienkennwort

Liebe Familie,

manchmal gibt es Situationen, in welchen ein Familienkennwort sehr hilfreich sein kann.

Stellt euch zum Beispiel vor, dass eine Person vor eurer Schule steht und erklärt, es sei den Eltern etwas passiert und er/sie solle euch abholen.
Bestimmt könnt ihr dann vor lauter Sorge gar nicht mehr richtig denken.
Damit ihr auf keinen Fall auf einen solchen Trick hereinfallt, kann ein Familienkennwort sehr hilfreich sein.
Wichtig ist, dass nur ihr, also die Familienmitglieder, das Kennwort wisst. Ihr dürft es auch nicht euren besten Freunden verraten; es muss absolut geheim bleiben.

In einer Situation, die euch Sorge bereitet oder Angst macht, kann euch das Familienkennwort helfen, nicht auf fiese Tricks hereinzufallen.

Kennt die Person euch gegenüber das Kennwort /die Antwort auf die Frage nicht, lauft weg und holt euch Hilfe bei Personen/ Lehrern, die ihr gut kennt.

Über die Autorin

Cornelia H.-Müller

lebt mit ihrer Familie in Solingen.

Ihr Genre sind der Mitspielkrimi, Theaterkrimödien sowie Bücher und Hefte für Kinderfeste.

Mehr Infos finden Sie unter www.glashauskrimi.de

Von ihr im Edition Paashaas Verlag erschienen: Die Mitspielkrimis aus der Reihe Krimiparty!

Entdecken Sie Ihren kriminalistischen Spürsinn! Mithilfe dieser Bücher können Sie zu Hause gemeinsam mit Ihren Familienmitgliedern und Gästen auf Tätersuche gehen. Sie ermitteln und befragen, Sie bewerten Tatsachen und Aussagen und Sie finden schließlich heraus, wer der Täter oder die Täterin ist.

Bei den **Krimiparty Kids** geht es nicht weniger spannend zu, dort wird jedoch auf Mord verzichtet und andere Kriminalfälle sorgen für Aufregung.

Alle Krimipartys sind mit dem Internet verlinkt. Im Download-Bereich auf www.verlag-epv.de können Sie das benötigte Zubehör herunterladen und ausdrucken.
So steht einer lustig-spannenden Krimiparty bei Ihnen zu Hause nichts im Wege.

Krimiparty - 5 neue Fälle
- Irrtum oder Absicht?
- Mord in bester Gesellschaft
- Muttertag
- Mann über Bord
- Feine Verhältnisse!

ISBN: 978-3-9813928-8-3

Sonderausgabe 1:
Plötzlich und erwartet
Ein Weihnachtskrimi mit Kommissar Henry Kragenberg

ISBN: 978-3-94261-425-2

Sonderausgabe 2:
Workshop mit Todesfolge
Ein Krimi aus dem Allgäu

ISBN: 978-3-942614-39-9

Sonderausgabe 3:
Die Rache
Ein reiner Frauenkrimi

ISBN: 978-3-942614-41-2

Sonderausgabe 4:
Morgengrauen
Ein Mitspielkrimi aus Bayern

ISBN: 978-3-942614-58-0

Sonderausgabe 5:
Spargelsilvester
Ein ländlicher Krimi nicht nur zur Spargelzeit!
ISBN: 978-3-942614-71-9

Sonderausgabe 6:
Inkognito
Ein Hotelkrimi

ISBN: 978-3-945725-12-2

Sonderausgabe 7:
Bayernspezial
mit 2 Fällen:
- MorgenGrauen
- Neues aus Wulfrathshausen

ISBN: 978-3-945725-45-0

Sonderausgabe 8:
Der fast perfekte Mord
Ein Sylt-Krimi

ISBN: 978-3-945725-84-9

Sonderausgabe 9:
Die Wette
Mord in Schottland

ISBN: 978-3-945725-98-6

Sonderausgabe 10:
Neues aus Wulfrathshausen
Ein Krimi aus Oberbayern

ISBN: 978-3-96174-002-4

Sonderausgabe 11:
Familien*Bande*
Ein Eifelkrimi

ISBN: 978-3-96174-021-5

Sonderausgabe 12:
Schatten der Vergangenheit
Ein Kreuzfahrtkrimi

ISBN: 978-3-96174-025-3

Sonderausgabe 13:
Ötzi - oder das schwarze Schaf
Mitspielkrimi aus Bayern

ISBN: 978-3-96174-042-0

Murder Mystery Party 1:
The Bet
Die englische Variante der Krimiparty

ISBN: 978-3-96174-000-0

Kids Band 1:
Kunstraub in New York
Auf der Suche nach einem verschwundenem Gemälde
ISBN: 978-3-945725-25-2

Kids Band 2:
Was für ein Zirkus
Auf der Suche nach dem Löwen Cesar
ISBN: 978-3-96174-034-5

Kids Band 3:
Hindernisse
Mitspielkrimi für Pferdefreunde

ISBN: 978-3-96174-046-8